Début d'une série de documents
en couleur

PROGRAMME

D'UNE

UNION LIBÉRALE

EN VUE DES ÉLECTIONS PROCHAINES

PAR

M.-A. GROMIER

ex-rédacteur en chef de *la Colonie*, à Londres

Consultations adressées à l'auteur par MM. Guizot, Thiers, Edgar Quinet, Berryer, Emile Ollivier, Jules Simon, Eugène Pelletan, Ch.-L. Chassin, Jules Favre, et Victor Hugo.

DEUXIÈME ÉDITION

PRIX : 1 Fr.

PARIS

ARMAND LE CHEVALIER, LIBRAIRE-ÉDITEUR

61, RUE DE RICHELIEU, 61

Juillet 1868

Fin d'une série de documents
en couleur

PROGRAMME

D'UNE

UNION LIBÉRALE

PROGRAMME

D'UNE

UNION LIBÉRALE

EN VUE DES ÉLECTIONS PROCHAINES

PAR

M.-A. GROMIER

ex-rédacteur en chef de *la Colonie*, à Londres

Consultations adressées à l'auteur par MM. Guizot, Thiers, Edgar Quinet, Berryer, Emile Oilivier, Jules Simon, Eugène Pelletan, Ch.-L. Chassin, Jules Favre et Victor Hugo.

DEUXIÈME ÉDITION

PRIX : 1 Fr.

PARIS

ARMAND LE CHEVALIER, LIBRAIRE-ÉDITEUR

61, RUE DE RICHELIEU, 61

Juillet 1868

« Ainsy doncques, si les habitants d'un païs ont trouvé
« quelque grand personnaige qui leur ayt monstré par
« espreuve une grande prevoyance pour les garder,
« grande hardiesse pour les deffendre, un grand soing
« pour les gouverner; si, de là en avant, il s'apprivoy-
« sent de lui obéïr, et s'en fier tant que luy donner
« quelques advantaiges, ie ne sçais si ce seroit sagesse,
« de tant qu'on l'oste de là où il faisoit bien, pour l'ad-
« vancer en lieu où il pourra mal faire : mais, certes,
« si ne pourrait-il faillir d'y avoir de la bonté, de ne
« craindre poinct mal de celuy duquel on n'a receu que
« bien. »

ETIENNE DE LA BOÉTIE.

(*Discours sur la Servitude volontaire.*)

AUX ÉLECTEURS

Que les élections se fassent en 1868 ou en 1869, il n'en est pas moins du devoir des citoyens de se préparer déjà à l'exercice d'un droit, juste instrument de leur souveraineté.

Par le suffrage universel, expression sensée et exacte du peuple *instruit*, tribune offerte à l'affirmation de toutes les aspirations vers un avenir meilleur, la France est maîtresse absolue de sa fortune bonne ou mauvaise; par le suffrage universel, elle choisit les artisans de ses destinées; par le suffrage universel, elle rétrograde ou elle avance sur le chemin de la liberté, sauvegarde de tous les principes, origine de toute civilisation, source inépuisable de tous les progrès, *tôt ou tard dominatrice du monde.*

Elaborons donc, à l'avance, *sous l'inspiration des principaux chefs de la politique opposante française,* un programme d'action électorale praticable dans notre pays. Choisissons parmi les belles idées récemment exprimées dans le programme de

La Démocratie par ses multiples adhérents ; formons du tout un mélange homogène dont l'ensemble puisse au besoin servir de profession de foi, comme de règle de conduite, aux quatre nouveaux millions d'électeurs mûrs pour le scrutin qui s'approche.

> Des actes, des actes, et encore des actes,
> ou vous croupirez éternellement dans votre
> misère........
> Quand une corde et un fouet suffisent pour
> contenir l'homme sous le joug, c'est que
> déjà il n'est plus un homme ! ..
>
> LAMENNAIS.
>
> *Le Livre du peuple.*

I

EXCLUSION RADICALE DE TOUTE CANDIDATURE OFFICIELLE.

Le suffrage universel devant se diriger lui-même, pas n'est besoin que le gouvernement l'avertisse et le contienne. Le gouvernement, dans les élections, ne peut se présenter que comme président et non comme partie ; il faut qu'il ignore l'opinion des candidats et se borne à faire la police des actes électoraux, *sans toutefois se démettre de son droit d'avis*. Que l'administration signale le candidat qu'elle préfère, rien de plus juste ; mais que l'administration mette au service de ses créatures l'influence de ses fonctionnaires, le dégrèvement de certaines dépenses, la pression de ses agents, l'argent des contribuables, rien de plus contraire à l'équité.

Le gouvernement sous lequel nous vivons doit nous laisser l'usage libre et entier de notre raison. S'il ne sert qu'à nous affermir dans la pratique des devoirs que nous croyons essentiels, nous comprendrons à merveille qu'il faut le respecter. Mais si l'Etat est sacrifié aux passions du magistrat, si le despotisme, ennemi de la nature et jaloux des droits qu'elle nous a donnés, nous conduit comme le berger conduit les troupeaux de la ferme, nous nous élèverons contre cette injustice, nous n'accorderons qu'à notre raison seule la direction de nos votes ; et nous laisserons crier dans le désert ces flatteurs des cours qui nous recommandent un respect aveugle pour l'autorité, quelle qu'elle soit. Nous demanderons, au contraire, avec Mably, traitant *des devoirs et des droits des citoyens*, si ces partisans de tout gouvernement *actuel* refuseront impitoyablement aux Iroquois le droit de réparer leurs sottises et de se policer, quand ils commenceront à rougir de leur barbarie.

II

Le suffrage universel ayant pour but de faire sortir de l'urne électorale le jugement solennel du peuple sur les actes du pouvoir ; ce jugement devant embrasser des considérations multiples , multiples aussi doivent être les candidatures répondant à chacune de ces considérations, dont voici sommairement la nomenclature intéressante :

Nomination des maires, arbitrairement pris en dehors des Conseils municipaux ; maintien et prorogation possible des lois de sûreté générale ; suppression de la liberté des cultes ; élasticité des budgets ; cumul éhonté des places ; guerre inutile de Crimée ; guerre inachevée d'Italie ; guerre désastreuse du Mexique ; expédition stérile en Cochinchine ; abandon impolitique de la Pologne ; abstention totale dans la question danoise ; rôle passif de nos Conseils généraux et municipaux dans l'enquête agricole ; liberté funeste de l'extension démesurée de la puissance et des frontières prussiennes ; renonciation trop désintéressée de notre immixtion dans les affaires du Luxembourg ; suppression de l'Adresse et conséquemment du droit de contrôle et de discussion de la Chambre des députés ; occupation dictatoriale de Rome, où les chassepots font merveille ; militarisme de l'Algérie ; persistance de la centralisation administrative ; haussmannisation et embastillement de Paris ; contradictions des discours du Trône ; incessante augmentation des impôts ; perception inégale et vexatoire des droits sur les vins et autres spiritueux ; solennels encouragements au Crédit Mobilier, aboutissant à la grève *des* milliards ; antagonisme Rouher-Niel-E. Pinard, occasionnant l'hypocondrie ministérielle ; allées et venues du prince Napoléon-Jérôme ne pouvant conjurer l'isolement de la France, etc. etc.

Le couronnement de l'édifice se trouvant donc encore dans les limbes ; la lettre du 19 janvier restant à peu près lettre morte ; Emile Ollivier se trouvant menacé d'attendre trop longtemps *sous l'orme* le portefeuille de ses rêves ; enfin, à défaut de l'obtention d'un tout, l'obtention d'une partie de ce tout étant préférable, sans conteste, à la dénégation complète d'une satisfaction demandée ; — après une première épreuve, une entente générale des électeurs opposants est forcément nécessaire en faveur du candidat représentant la fraction opposante plus particulièrement créditée dans la circonscription par le suffrage universel.

III

Suivant les régions, suivant les mœurs locales, suivant l'ensemble de certains faits, il est facile de connaître par anticipation si, dans un cercle électoral, les sympathies des électeurs sont de préférence acquises, avec évidence, à telle ou telle nuance de l'opposition. Parfois, dans ces circonstances, capituler franchement c'est augmenter beaucoup les chances de réussite, — alors qu'au contraire, diviser pour régner est fort imprudent, pour ne pas dire malavisé, — sans vouloir même parler de l'abstention, souvent coupable, toujours stérile. Si donc on ne peut se donner, dans ces cas, l'avantage immense d'avoir des candidats qui représentent nos principes intacts, — si l'on craint de tirer au clair le chiffre des adhérents à une profession de foi quelconque, — c'est le cas de faire abnégation de la partie pour sauver l'ensemble. Si l'on ne veut plus du *statu quo*, c'est le cas de choisir, parmi les moyens plus ou moins possibles, le meilleur moyen pour arriver à la rénovation désirée.

Cette rénovation, dit très-éloquemment M. Boysset, ancien représentant du peuple, *c'est l'Emancipation sociale définitive.....* C'est la science régnant en souveraine; c'est la morale, fermement assise sur des bases jusqu'à présent inconnues et incomprises; c'est l'art, puisant dans cette élévation universelle des esprits et des cœurs un idéal agrandi et des inspirations sublimes; c'est l'industrie, s'organisant tout en respectant jusqu'au scrupule l'initiative et la spontanéité humaines; c'est la liberté philosophique et politique, l'égalité devant la loi, la fraternité dans tous les rapports; c'est l'ordre et la civilisation prenant possession de la société réellement et pratiquement, pour l'élever à sa plus haute puissance.

IV

POUR PIERRE DE TOUCHE : TROIS ENGAGEMENTS A SOUSCRIRE.

1° *Acceptation de la liberté philosophique.*

Au dix-neuvième siècle, demander l'acceptation théorique et pratique de la liberté philosophique devrait être un pléonasme et un anachronisme.

Pourtant, c'est une oppression philosophique qui met en émoi les populations de l'Autriche en train de se libéraliser. C'est une oppression philosophique, encore plus qu'une question de race, qui prolonge la situation anarchique de l'île de Candie et qui trouble presque toutes les possessions de la Porte, dans la Turquie d'Europe. C'est l'intolérance philosophique qui vient d'éclater en un triste scandale dans la chambre de Bucharest. C'est avec un programme d'orthodoxie philosophique que les agents cosaques agitent les Slaves des provinces danubiennes. C'est la solution d'un problème d'organisation philosophique qui absorbe toute l'attention du parlement britannique et met en œuvre les plus magnifiques efforts du parlementarisme anglais. C'est une affaire de philosophie, est-il besoin de le dire? qui forme le fond de la question romaine d'où surgissent, du reste, toutes les autres. C'est un arrangement entre l'administration impériale et les rétrogrades philosophiques qui remplit de soucis les possesseurs du gouvernement de la France. Enfin, c'est une divergence philosophique qui trouble quelquefois les hôtes actuels des Tuileries, — comme c'est une polémique philosophique qui occupe de nos jours chacune des séances du Sénat français, et met aux prises, en Algérie, l'administration militaire et l'administration religieuse.

A la liberté politique il faut donc, au plus tôt, joindre *en fait* la liberté philosophique, et pour ce faire : travailler à affranchir l'esprit humain d joug théologique ; préserver la morale de la corruption qui résulte de l'amalgame de la religion avec la politique ; éliminer les choses célestes des choses terrestres, l'inconnu du connu, la révélation de l'évidence. En un mot, obtenir la séparation radicale de l'Eglise et de l'Etat.

Pagination incorrecte — date incorrecte

NF Z 43-120-12

LIRE PAGE (S) 13
AU LIEU DE PAGE (S) 1

2º *Établissement de l'instruction primaire gratuite et obligatoire.*

L'impôt du sang est connexe avec l'impôt de l'intelligence, l'obligation du service est donc connexe avec l'obligation de l'instruction. A supposer l'exactitude de cette mémorable phrase : « *L'influence d'une nation dépend « du nombre d'hommes qu'elle peut mettre sous les armes,* » — cette phrase serait connexe avec cette autre : « *La diffusion universelle de l'ins- « truction populaire est au premier rang parmi les grandes causes qui « doivent faire battre les cœurs ; — le développement de l'esprit, accom- « pagné de l'éducation de la volonté, c'est pour les peuples la condition « absolument nécessaire du progrès moral et matériel et de la vraie liberté.* » Or, en France, les contribuables *entretiennent* les soldats, et les citoyens sont *obligés* de livrer leurs enfants à l'armée active, à la réserve et à la garde mobile ; donc, les contribuables doivent *entretenir* les établissements d'instruction primaire et les citoyens doivent être *obligés* de livrer leurs enfants aux dispensateurs de l'instruction.

Mais, partisan de la liberté individuelle, tant matérielle que morale, nous y porterions grave atteinte en admettant ces deux obligations. Nous demanderons donc le *volontarisme* pour la défense de la patrie, et nous l'appliquerons également à l'instruction primaire. Ne voulant forcer personne à être le *meurtrier* ou la *victime*, nous ne devons vouloir forcer personne à être *l'instituteur* ou *l'élève.* Seulement, pour combattre l'incurie et l'indifférence, nous réclamerons une loi portant que tout jeune homme ayant atteint vingt et un ans, ne sera inscrit sur les listes électorales qu'à la condition de justifier qu'il sait *lire et écrire.*

Tout citoyen *instruit* comprend ses droits et les fait valoir. Par suite, le jour où chaque électeur, *par son instruction,* aura les moyens de comprendre qu'il est une des parties agissantes de la souveraineté, — le jour où la science sociale aura pour base la science de l'homme, — ce jour-là les tyrannies et les superstitions s'effaceront naturellement, n'ayant plus de raison d'être. L'on fera alors de la politique *vraie ;* l'on pourra accepter la responsabilité de ses actes ; l'on ne passera plus sa vie à changer de maîtres.

3° *Abrogation et transformation véritablement libérale des trois nouvelles lois sur la presse, l'armée et les réunions.*

On a spirituellement défini comme il suit les trois lois nouvelles : « *La loi sur la presse donne enfin la liberté de se ruiner, de payer des « amendes et d'aller en prison en fondant un journal ; — la loi sur l'armée « n'a pas pour résultat d'armer et d'exercer la nation, elle grossit simple- « ment les dépenses du budget et étend les charges de la conscription ; — « la loi sur les réunions permet de se rassembler dans un lieu couvert et « d'y parler sur tout, pourvu que l'on n'y dise rien.* » Il faut, en France, pour la presse, le régime américain ; pour l'armée, le système suisse ; pour les réunions, le mode des meetings anglais.

PRESSE. — Les lois sur la presse, s'écrie Fiévée avec une finesse attique, c'est comme la paille qu'on étend devant les maisons, et qui n'empêche ni les voitures de rouler, ni les malades de mourir. Il n'y a pas, en effet, d'autre législation possible pour la presse que la liberté tout entière, comme en Amérique. Là, dit M. de Tocqueville, la presse a une grande influence, mais elle ne s'exerce pas de la même manière qu'en France. L'on n'ajoute que très-peu de valeur aux opinions des journalistes, et la presse n'obtient d'influence que par les faits qu'elle publie et la tournure qu'elle leur donne : tout ce qui est dans le domaine de l'opinion est parfaitement libre ; on n'exige, en outre, ni timbre, ni cautionnement, ni brevet d'imprimeur. Aucun obstacle n'existe. Pourvu qu'il n'y ait ni diffamation, ni injure, ni provocation directe — suivie d'effet — à un crime ou à un délit, la liberté est complète, absolue, sans mesure. Opinion contre opinion, journal contre journal : l'équilibre en résulte. Il n'y a pas en Amérique, il ne peut pas y avoir en France, de délit de presse, parce qu'il n'y a nulle part, parce qu'il ne peut pas y avoir jamais de délit d'opinion.

ARMÉE. — Il existe sous nos yeux, écrit M. Isambert dans son spirituel *Catéchisme des Familles*, un système qui permet de donner les plus larges garanties à la défense du pays, tout en donnant satisfaction aux besoins de la production et au principe d'égalité. C'est le système suisse.

En Suisse, les élèves des écoles, à partir de l'âge de douze ans, s'exercent d'ordinaire au métier des armes deux fois par semaine. Tous les citoyens âgés de vingt ans entrent ensuite dans l'armée d'élite, chaque canton fournissant trois hommes sur cent habitants. De vingt-huit à trente ans on passe dans la réserve, égale toujours à la moitié de l'armée d'élite ; puis on fait partie de la landwehr jusqu'à quarante-quatre ans.

L'armée, ainsi composée, est laissée à ses affaires ; elle ne court pas les garnisons ; chaque soldat-citoyen est simplement soumis à des exercices *dans son pays*, et tous les deux ans *seulement*, il y a un exercice en corps d'armée. Enfin, une fois dans la landwehr, *on n'est plus soumis à aucun exercice ;* on ne peut être appelé que si la confédération est en danger. Ce système donne cent quatre-vingt-huit mille hommes pour deux millions et demi de nationaux, c'est-à-dire 94 soldats par 1,000 habitants ; *en France*, sur une population de quarante millions d'âmes, il procurerait donc le chiffre énorme de trois millions sept cent soixante mille soldats-citoyens.

Pour maintenir chez elle ce système, la confédération suisse dépense annuellement un peu plus de trois millions ; les deux principaux cantons dépensent : Berne, pour l'armée, 828,000 fr. *et pour l'instruction publique*, 847,000 fr. — Zurich, pour l'armée, 447,000 fr. *et pour l'instruction publique*, 708,000 fr.... *En France*, actuellement, un contribuable qui paie un dix-millionième des impôts, s'il est touché dans une égale proportion par tous, donne, sur un ensemble de 159 francs d'impôt direct et de contributions indirectes : 44 fr. 04 au ministère de la guerre, 18 fr. 47 à la marine, *et au ministère de l'instruction publique* 2 fr. 55 (deux francs cinquante-cinq centimes!) Ces chiffres n'ont pas besoin de commentaires...

Nous avons parlé de *volontarisme militaire* : ajoutons donc que dans le royaume-uni de la Grande-Bretagne, à côté de l'armée régulière, *exclusivement* composée de mercenaires, existent à l'infini des corps de *riflemen*, soldats volontaires s'organisant en corps, s'équipant, s'exerçant, en un mot, faisant acte de vie en dehors de toute direction ou impulsion gouvernementale.

RÉUNIONS PUBLIQUES. — Que se passe-t-il aussi en Angleterre, lors de ces fameux *meetings* ou assemblées publiques, dont nous voudrions voir tolérer l'importation dans notre pays ? Une grande injustice a-t-elle été commise, des élections sont-elles prochaines, s'agit-il de prendre la défense d'un principe humanitaire méconnu, — sur un mot d'ordre lancé par une association, sur un avis publié par un journal, le plus souvent sur l'initiative individuelle d'un simple passant, — on voit aussitôt se dérouler à Londres, de London-Bridge à Trafalgar-square, l'imposante manifestation de tout un peuple en habits de deuil ; — ou bien, dans St-Martin's Hall, se réunissent par milliers orateurs populaires, candidats et électeurs ; — ou encore sur le piédestal d'un réverbère, dans Oxford-street, devant la foule toujours croissante des cockneys, grimpe un O'Connell improvisé, que l'indignation et le patriotisme inspirent, et dont les mâles accents vont remuer dans leurs ramifications dernières les agglomérations si diverses de la population londonnienne.

Au milieu de tout cela, pas de soldats, pas de sentinelles, pas de guérites, pas de postes militaires, pas d'agents provocateurs ; — partant, point de commissaires avec écharpe tricolore, point de sommations au son du tambour, point de fusillades, point de charges de cavalerie.... Parfois, isolé dans la foule et surveillant un pick-pocket, un policeman attendri ou enthousiasmé.... Puis rien, rien qu'un peuple libre, exerçant librement un droit indéniable. Rien, rien que des citoyens affirmant de concert qu'ils veulent faire eux-mêmes leurs affaires en bons fils et bons pères de famille, moins entreprenants que prudents, plus économes qu'emprunteurs !

V.

LE TALENT ET LE PATRIOTISME DEVANT PRIMER LA FORTUNE, RECHERCHER DES CANDIDATS LOCAUX AYANT FAIT LEURS PREUVES D'INTELLIGENCE, DE DÉSINTÉRESSEMENT, EN MÊME TEMPS QUE DE DÉVOUEMENT A LA CHOSE PUBLIQUE.

« *Le premier service qu'un homme public doive à son pays, c'est de* « *remplir consciencieusement les fonctions spéciales qui lui ont été confiées.*» Ces paroles de M. Paul Cottin, extraites de l'une de ses brochures le plus justement populaires, nous ont remis en mémoire la substance de ces autres observations judicieuses du même polémiste : Nos députés oublient trop qu'ils sont nos mandataires responsables ; ils ne doivent point se contenter de jouer, à l'égard des populations, le rôle de divinités plus ou moins bienfaisantes, selon qu'ils sont plus ou moins bien en cour ; leur position financière ne doit pas davantage peser sur leurs déterminations ou leurs obligations politiques ; et, ce ne sont pas des bureaux de tabac que les électeurs leur demandent, ce sont des votes patriotiques.

A la veille du renouvellement de nos délégués, pour juger leur conduite future, jugeons leur conduite passée. Sachons si nous devons, lors des élections prochaines, retirer ou maintenir à nos représentants le mandat dont nous les avons honorés : pour cela, ouvrons une enquête sérieuse sur la manière dont ils ont rempli ce mandat ; examinons l'attitude prise par nos députés actuels dans les principales questions de politique soit intérieure, soit extérieure, qui, depuis leur élection, se sont offertes à leurs appréciations et à leur suffrage. Cet examen, basé sur les données officielles du *Moniteur*, cet examen rendons-le public, et, par la divulgation des votes antérieurs des honorables d'aujourd'hui, arrivons à une conclusion naturelle et facile : *un tel vote pour l'administration, un tel vote pour les intérêts de son pays.* Puis, donnons à cette conclusion une force pratique par le choix des honorables de 1868 ou de 1869.

Un changement a-t-il été jugé nécessaire, veut-on des mandataires décidés à faire preuve de plus d'indépendance, de plus de zèle, en même temps que d'une plus grande intelligence des aspirations locales ? —

laissons alors de côté les errements traditionnels. Un candidat n'est pas excellent parce qu'il est riche, il n'est pas infaillible parce qu'il est appuyé par le gouvernement, il n'est pas habile parce qu'il est beau parleur : les électeurs-contribuables ont besoin d'un homme d'affaires, logique dans ses jugements, lucide et précis dans l'exposition de ses demandes ou de ses plaintes, s'occupant des intérêts de sa circonscription avant de songer aux intérêts *dynastiques* ; au résumé, les électeurs-contribuables ont besoin d'une sorte d'avocat dont ils prennent à leur charge les frais de représentation à la Chambre, afin, précisément, de pouvoir choisir dans toutes les classes ce représentant dévoué qu'ils investissent ainsi de leur part de direction de l'Etat.

Soit dans nos Conseils municipaux, soit dans nos Conseil généraux, soit déjà dans le Corps législatif, nous trouverons assurément, *si nous le voulons,* ce prototype du député local ; à son défaut, car il faut tout prévoir, nous prendrons, en dehors des questions de clocher, un de ces hommes dont la notoriété s'étend d'une manière presque égale sur toutes nos provinces, et dont le vote, émis en notre nom particulier, aura du moins le mérite d'influencer l'opinion générale avec profit pour la patrie commune.

VI

POUR MOYENS D'ACTION, AVANT, PENDANT ET APRÈS : FONDATION D'UN ORGANE
LIBÉRAL DANS CHAQUE CIRCONSCRIPTION ENCORE DÉPOURVUE SUR CE POINT.

Le *Petit Moniteur du soir*, le *Petit Journal*, la *Petite Presse* ne peuvent suffire à notre pays : il nous paraît naturel de coopérer, selon nos forces, au réveil du sentiment politique, à l'extension des franchises municipales, à l'examen améliorateur des actes administratifs, à la défense des contribuables, à l'émancipation intellectuelle des électeurs. Nous endosserons donc quand même le lourd harnais de la loi nouvelle. Nous fonderons un journal qui, au lieu d'être une chaire d'où l'on prétend imposer des formules dogmatiques, sera une tribune ouverte à toute idée sérieuse ayant pour but le service de la liberté et de la justice.

Se taire quand on n'est pas absolument bâillonné, ne rien faire quand on n'est pas enchaîné et dans l'impossibilité complète d'agir, c'est se condamner à une mort volontaire. Bien que l'arbitraire pèse lourdement sur nos œuvres, nous défierons cependant ce Don Quichotte au rebours, au lieu de nous draper dans la dignité futile d'un silence que nous jugeons criminel. Nous adopterons et mettrons en pratique, dans les 89 départements, l'idée émise par M. Achille Mercier; nous appliquerons à la création d'un journal libéral les dispositions législatives nouvelles sur les sociétés coopératives.

Élaborée pour les travailleurs et malgré leur opposition persistante, exprimée énergiquement jusqu'à la dernière heure, la loi récemment promulguée est à peu près inapplicable aux sociétés ouvrières ; elle leur cause, surtout en province, de nombreux embarras..... Mais il se trouve, par contre, que les dispositions relatives à la variabilité du capital et à la mobilité du personnel se prêtent admirablement à la combinaison qui fait de l'abonné un sociétaire-rédacteur, et du prix de l'abonnement, ainsi que de la publication des opinions, une part agréable d'intérêt. C'est un résultat que n'avaient pas prévu MM. les Conseillers d'Etat, élaborateurs du projet adopté le 24 juillet 1867.

VII

POUR BUT : SORTIE DE L'ORNIÈRE PAR LA SECOUSSE LÉGALE PERMISE ; ENVOI A LA CHAMBRE LÉGISLATIVE DES SEULS PARTISANS DU GOUVERNEMENT PARLEMENTAIRE.

A la veille des grandes crises européennes, où notre patrie risquera sa vie, nous avons pour but de rendre à la France conscience de la France ; nous nous efforcerons, en conséquence, de reconstituer en son unité toute-puissante le faisceau des principes immortels de 1789, dont l'accord fit la République française capable de repousser l'assaut des despotismes coalisés. Nous serons les mandataires de ceux qui pensent que le gouvernement effectif du peuple par le peuple épargnera seul à l'avenir, sinon au présent, les conséquences fatales des fautes commises. Nous marcherons, par des sentiers honnêtes, vers le résultat auquel tendent tous ceux qui croient à l'avenir de l'humanité.

Le moment est venu où le XIXe siècle, se débarrassant de tout le fardeau qu'on lui avait mis sur les épaules, phraséologie et idées nébuleuses, veut retrouver sa Charte morale, philosophique et pratique, et se faire une doctrine à son usage. Il est temps de changer la force destructive en force productive, afin de rendre à l'agriculture, au commerce, à la navigation marchande, cette puissance nationale aujourd'hui représentée par l'armée permanente, cause de ruine de l'Etat.

Droit individuel (1789), et droit social (1830). Il faut harmoniser entre elles ces deux conceptions, se complétant l'une par l'autre, renfermant tous les éléments de la vérité, réalisant la justice. Il faut rendre le peuple souverain par l'élection directe de tous ses fonctionnaires, par la coopération, qui réalisera promptement l'alimentation intellectuelle, par l'association, qui décuplera les forces et les richesses et affranchira pacifiquement le prolétariat.

Conséquence extrême, terme final de la réaction entreprise en 1852, nous sommes en pleine dislocation politique ; conséquence aussi rationnelle de la succession des temps, quatre nouveaux millions d'électeurs sont mûrs pour le scrutin qui s'approche..... Eh bien ! comme dans les navires en péril, nous appellerons avec confiance : *Tout le monde à la manœuvre !*

M.-A. GROMIER.

Ambérieu-en-Bugey (Ain), 20 juin 1868.

CONSULTATIONS ADRESSÉES A L'AUTEUR

CONSULTATIONS

ADRESSÉES A L'AUTEUR

Paris, 31 mars 1868.

Je vous remercie de la confiance que vous me témoignez en me consultant sur le choix à faire au moment, que vous croyez prochain, des nouvelles élections. Mais votre confiance, en me flattant beaucoup, me jette dans un assez grand embarras. Plusieurs de vos concitoyens se sont déjà adressés à moi pour me presser d'accepter la candidature de votre arrondissement électoral. Il en est même qui sont venus me voir à Paris. Je leur ai donné mon consentement, sous la condition de ma liberté d'option en cas d'élections multiples, et il m'est difficile de vous faire une réponse différente de celle qu'ils ont reçue de ma part.

Vous pouvez, du reste, cher monsieur, vous renseigner auprès d'eux. Les principaux sont :..... Concertez-vous avec eux, et si vous trouvez une candidature plus opportune que la mienne (j'entends par ce mot celle qui aura le plus de chances), *je me rangerai avec empressement à votre avis commun.*

C'est avec regret que je suis rentré, à mon âge, dans la vie publique ; c'est à mon corps défendant que j'y reste ; — et si les électeurs de Paris ou d'ailleurs me rendaient au repos, ils me causeraient un vrai soulagement et me laisseraient à des travaux scientifiques que je préfère aux travaux politiques.

Je ne suis soutenu que par l'amour des *libertés nécessaires* que je défends indépendamment de tout intérêt de parti, et ce qui sera décidé dans l'intérêt de ces libertés précieuses sera la règle de ma conduite.....

Recevez, Monsieur, l'expression de ma gratitude et de ma considération la plus distinguée.

A. THIERS,
Député de la Seine.

..... Les points d'où nous partirons, c'est qu'il est impossible de voter pour un candidat officiel quelconque. C'est là une règle sans exception. Combattre tout candidat officiel vrai ou déguisé, c'est là le commencement de la sagesse; il est inutile d'insister davantage là-dessus.....

Si vous avez dans quelque circonscription l'espérance motivée de pouvoir renverser le candidat officiel, il faut sans doute se résigner à soutenir le candidat opposé, quand même il serait fort loin de vous et de vos opinions. Seulement, il faut s'assurer que cette opposition est franche, et qu'elle n'est pas jouée. *Le moyen pour cela est sûr : c'est d'exiger que les candidats réclament le retrait de la loi militaire.....*

..... Dans ce que je viens de dire, je suppose que vous ayez la chance de renverser les candidats officiels. Mais je l'espère peu. L'écrasement a été trop complet pour que l'on en sorte par un triomphe, et, dans ce cas, n'ayant pas l'espérance de l'emporter même par des capitulations, vous pouvez du moins vous donner l'avantage immense d'avoir des candidats qui représentent vos principes.....

..... Quand même vous ne réussiriez pas à les faire nommer, vous auriez plus fait que par toutes les capitulations du monde ; vous auriez fait, par ces choix seuls, acte de caractère et de vie politique..... Prenez des hommes qui signifient quelque chose : là est toute la question.....

..... Si je pouvais rendre un grand service, je n'hésiterais pas. Mais,..... je suis à ma place de combat et j'y reste. . . . .

. . . .

Il s'agit de présenter des candidats qui aient des chances de faire sortir votre département de la routine et de l'ornière où il est tombé depuis dix-sept ans. Ce premier point gagné et l'habitude servile une fois brisée, tout deviendra facile.....

..... Ce qu'il vous faut, ce sont des noms puissants, appuyés de toute la France, capables par là de faire brèche dans ce mur de prison qui s'appelle aujourd'hui.....

..... Après tout, le plus urgent est de renverser les *officiels*. Sur cela, point de doute. Marchez donc comme vous faites, sans hésiter. Je suis heureux des efforts que vous faites pour ramener la lumière.....

Croyez bien, vous et vos amis, que je suis tout à vous.

Votre tout dévoué,

E. QUINET.

2 et 19 avril 1868.

Paris, 17 avril 1868.

..... Vous me rendez justice en pensant que j'userai avec satisfaction du peu d'influence qui m'est accordée par mes amis, sur leurs votes électoraux, en faveur de tout candidat qui sera résolu à soutenir les principes de la liberté et du respect des droits légitimes de tous les citoyens français.

Vous reconnaîtrez qu'au nom même de la liberté, je ne saurais admettre des lois qui porteraient atteinte à la pleine liberté des pères de famille, quant à l'éducation de leurs enfants. . . . .
. . . .
. . . . BERRYER.

Paris, 20 avril 1868.

Je suis hors de l'arène politique, monsieur, et décidé à n'y pas rentrer. Convaincu, comme vous et vos amis, que notre patrie a besoin de députés indépendants et résolus à la pratique efficace du gouvernement libre, je crois en même temps que, sur telle ou telle question spéciale, c'est le droit et le devoir des députés les plus indépendants envers le pouvoir de garder aussi leur indépendance envers le public. Et comme je n'ai pas coutume d'éluder l'expression de ma pensée, j'ajouterai que, sur quelques-unes des questions que vous indiquez, mon opinion, si j'avais un conseil à donner, ne serait peut-être pas en complet accord avec la vôtre. Je me borne donc à vous répondre d'une manière générale, et à désirer avec vous que les choix de la France, quand elle aura des élections à faire, se portent sur des hommes bien convaincus de la nécessité des libertés politiques pour la sécurité comme pour la dignité de l'avenir comme du présent — et bien résolus à assurer l'influence effective du pays dans son gouvernement.

Recevez, etc..... GUIZOT.

Paris, 15 mai 1868.

.... Je pense que le point capital est d'assurer le succès des candidats qui ne sont pas inféodés à l'administration..... Au premier tour de scrutin, il faut multiplier les candidats : chaque opinion doit avoir le sien.... Au deuxième tour, on se réunit sur celui des DISSIDENTS, quel qu'il soit, qui a obtenu le plus de suffrages........
.... EMILE OLLIVIER.

Paris, 23 mai 1868.

Vous m'excuserez de vous répondre un peu à la hâte. Votre lettre contient six questions :

1° Exclusion radicale de toute candidature officielle. — Sur ce point je suis complétement et absolument de votre avis. Tout est préférable au succès d'une candidature officielle, parce que ces candidatures sont la négation formelle du droit des électeurs, et de la nation.

Je vous prie de bien remarquer que le bruit se répand qu'il n'y aura pas, aux *prochaines* élections, de candidats officiels. J'écris en ce moment l'histoire d'un sous-préfet qui patronne déjà un candidat *indépendant, libéral*, MAIS.... SYMPATHIQUE. C'est le nom nouveau et ridicule d'une chose ancienne. *Il importe d'en prévenir les électeurs.*

2° Au premier tour de scrutin, multiplication des candidats. Au second tour, entente générale en faveur du candidat, quel qu'il soit, qui a obtenu le plus de suffrages.

Je ne suis pas sûr qu'on puisse dire d'une façon générale que la multiplicité des candidats est un bien. Cela dépend des circonstances.

Mais, après le premier tour, c'est un devoir strict de se rallier à l'opposant qui a eu le plus de voix — et de se rallier à lui explicitement, ouvertement, par une déclaration publique et formelle.

3° ....

4° Je suis partisan de l'instruction primaire gratuite et obligatoire. Je ne puis voir aucune difficulté à l'obligation. *On la pratique en Prusse,* ET LA PRUSSE N'A PAS D'AUTRE RAISON D'ÊTRE DEVENUE CE QU'ELLE EST.

Je n'ai aucune pitié, aucune indulgence pour le père qui refuse de faire apprendre à lire à son fils. Je n'exige que l'écriture et la lecture. Celui qui prouve que les moyens lui ont manqué est excusé tout naturellement. Je veux bien que l'application de la peine soit précédée de plusieurs mises en demeure. Je n'admets pas une pénalité illusoire. La privation des droits électoraux est une peine très-grave pour un honnête homme, mais pour le misérable qui condamne son fils à une vie d'humiliation et de pauvreté, c'est une peine parfaitement illusoire.

Je vous supplie de penser à cela sérieusement.

Vous ajoutez : abrogation et transformation vraiment libérale des trois nouvelles lois sur la presse, l'armée et le droit de réunion. C'est parfait.

Parfaits également votre numéro 5 et votre numéro 6. En somme, j'applaudis de tout cœur à votre tentative. Vous regarderez, j'en suis sûr, les quelques réserves que j'ai faites, comme une preuve de sérieuse estime...
.... JULES SIMON.

Monsieur,

.... Une adhésion à votre programme ? Vous l'aviez d'avance...........

....

Plus de candidature officielle : le pouvoir doit laisser parler le scrutin et non le faire parler ; le faire parler, c'est le faire mentir.

Qu'au premier tour de scrutin, chacun affirme sa conviction tout entière sur le candidat de sa préférence, et qu'au second tour, il vote pour la candidature la plus voisine de sa conviction.

Or, la conviction commune à tous les partis *dignes de respect,* c'est la liberté, car sans la liberté que peuvent-ils être ? Oppresseurs ou opprimés, c'est-à-dire *odieux ou ridicules.*

Permettez-moi de vous dire, après cela, que je regarde les autres articles de votre formulaire comme accessoires. Il y a des questions de la veille. Il y a des questions du lendemain. A chaque jour sa peine : c'est bien assez. *Rentrons d'abord dans la liberté et la liberté saura résoudre d'elle-même tous les problèmes.*

Vous voulez l'instruction primaire gratuite et obligatoire ; vous voulez la transformation de l'armée et la subordination de l'écu au talent : qu'à cela ne tienne, je partage votre avis.

Mais pour le moment, il n'y a qu'une question, une seule, instante, brûlante, l'émancipation du suffrage universel, souverain en apparence, mais en réalité prisonnier du fonctionnarisme ....

.... Eugène PELLETAN.

5 mai 1868.

LA DÉMOCRATIE
—
RÉDACTION
—
27, Chaussée des Martyrs, 27
PARIS

Le 14 juin 1868.

Cher Citoyen,

Je suis très-heureux que le programme de *La Démocratie* et les adhésions qu'il a provoquées, puissent vous servir pour votre appel aux électeurs. Mais il m'est impossible d'accepter, et pour mes adhérents en masse et pour moi, la dédicace dont vous proposez de nous honorer.

Voici très-simplement et très-franchement pourquoi :

La Démocratie se fonde pour reconstituer le parti démocratique *radical;* elle ne doit pas, *en principe,* s'engager dans une UNION LIBÉRALE, qui comprendrait *nécessairement* des groupes et des individualités niant les idées qu'elle affirme ou certaines de ces idées ; — *en fait,* avant d'exister, avant d'avoir servi de tribune absolument libre à ses fondateurs, elle ne peut pas s'engager en leur [nom dans une action politique quelconque, laquelle d'ailleurs dépend des circonstances.

Pour moi et pour beaucoup de mes amis — qui ne sont pas candidats — la question électorale est *secondaire,* tant que...

Mais nous ne sommes pas abstentionnistes pour cela, car il est aujourd'hui démontré que..

Vous comprendrez, je l'espère, cher citoyen, ces réserves et vous les apprécierez. — Je vous remercie de votre chaleureuse adhésion et vous offre une fraternelle poignée de mains.

Ch.-L. CHASSIN.

. . . .

Je suis souvent débordé par le travail, et si je n'ai qu'un reproche à lui faire, celui-là est grave, c'est de m'empêcher de remplir tous mes devoirs de conscience et d'amitié.

Celui que j'ai contracté en lisant votre programme était cependant bien impérieux. Courageux ouvrier de la pensée, vous descendez sur le terrain aux premières clartés d'une nouvelle aurore. Mes vœux sincères vous accompagnent.

Votre drapeau est celui que j'essaie de défendre. Qu'il vous conduise à la conquête pacifique des intelligences, au triomphe de la théorie que je résume par ces mots : *La France se gouvernant elle-même à tous les degrés de la hiérarchie sociale et politique*

Recevez, Monsieur, etc.   JULES FAVRE.

16 juin 1868.

––––––––––

HAUTEVILLE-HOUSE, 23 juin 1868.

Monsieur et vaillant confrère, vous m'envoyez votre programme, je le lis, je l'approuve.

Le mien, qui est celui de l'exil, est plus radical ; mais il a l'inconvénient d'être actuel·lement impossible. . . . .

Etant donnée la situation, *votre itinéraire pour en sortir est excellent*. . . . .

Je connaissais votre vif et vigoureux esprit, j'applaudis à votre initiative généreuse, et, du fond de mon inaction forcée, je vous envoie toutes mes sympathies et tous mes vœux.

Ex imo.   VICTOR HUGO.

TABLE DES MATIÈRES

Original en couleur

NF Z 43-120-8

www.ingramcontent.com/pod-product-compliance
Lightning Source LLC
Chambersburg PA
CBHW050803070726
47595CB00015B/2401